Éthique et culture religieuse

Une vie belle

Primaire 1er cycle • **Manuel de l'élève B**

FIDES

DIRECTION ÉDITORIALE
Bertin Dickner
Marie-Andrée Lamontagne

RÉDACTRICES
Marie-Andrée Lamontagne
Francine Lichtert

DIRECTRICE DE LA PRODUCTION
Carole Ouimet

**CONCEPTION GRAPHIQUE
ET MISE EN PAGES**
Bruno Lamoureux
Mardigrafe Inc.

CONSULTANT GRAPHIQUE
Gianni Caccia

ILLUSTRATEURS
Luc Melanson
Bruno Rouyère

COLORISATION (POUR B. ROUYÈRE)
Jean-Laurent Ratel

RECHERCHE ICONOGRAPHIQUE
Sylvie Brousseau
Mardigrafe Inc.
Mathilde Veauvy-Charron

CORRECTEURS D'ÉPREUVES
Yvan Dupuis
Bruno Ronfard

ÉDITEUR DÉLÉGUÉ
Michel Maillé

ENSEIGNANTES CONSEILS
Ève Bernard
Marie-Claude Daoust

EXPERTS CONSEILS
Christian Bouchard
Solange Lefebvre
Georges Leroux

REMERCIEMENTS
Nous remercions également tout le personnel enseignant qui a collaboré de près ou de loin à l'élaboration du présent manuel.

ISBN 978-2-7621-2829-1

Dépôt légal : 3e trimestre 2008
Bibliothèque et Archives nationales du Québec

© Éditions Fides, 2008

Les Éditions Fides reconnaissent l'aide financière du Gouvernement du Canada par l'entremise du Programme d'aide au développement de l'industrie de l'édition (PADIÉ) pour leurs activités d'édition.

Les Éditions Fides remercient de leur soutien financier le Conseil des arts du Canada et la Société de développement des entreprises culturelles du Québec (SODEC). Les Éditions Fides bénéficient du Programme de crédit d'impôt pour l'édition de livres du Gouvernement du Québec, géré par la SODEC.

Imprimé au Canada en août 2008
sur les presses de l'imprimerie Transcontinental

**POUR TOUTE QUESTION, COMMANDE OU COMMENTAIRE
SUR LES ENSEMBLES DIDACTIQUES :**

Éditions Fides
306, rue Saint-Zotique est
Montréal (Québec) H2S 1L6

Téléphone : 514-745-4290 poste 275
Courriel : ecr@fides.qc.ca

CRÉDITS PHOTOS
© iStockphoto Inc. : p. 8a, 8b, 8c, 8d, 8e, 9, 10a, 10b, 12, 17a, 17b, 22a, 24a, 24b, 24c, 24d, 25a, 25b, 25c, 25d, 25e, 25f, 25g, 25h, 26a, 26b, 26c, 27a, 27c, 29c, 29d, 31, 39, 40a, 41b, 42b, 45b, 47, 48a, 48b, 53, 63, 65d, 66, 67a, 67b, 67c, 68c, 74b, 75a, 86a, 86b, 86c ;
© akg-image/Gilles Mermet : p. 17c ;
Source : Histori.ca : p. 18 ;
© Éric Labbé : p. 22b ;
© Bernard Fougères : p. 22c ;
© Wolfgang Kaehler/Corbis, p. 23a ;
© Layne Kennedy/Corbis : p. 23b ;
© Ghislain Caron (1998), Projet Rescousse : p. 27b ;
© Remi Benali/Corbis : p. 28a ;
© Musée de la civilisation, Pierre Soulard photographe, 1995 : p. 28b ;
© Brooklyn Museum/Corbis : p. 29a ;
© The Granger Collection, N.Y. : p. 29b, 32, 56 ;
© James Nazz/Corbis : p. 36 ;
Source : Firstpeople.us : p.37a ;
© Gianni Dagli Orti/Corbis : p. 37b ;
© Emily Pangnerk Illuitok/Musée national des beaux-arts du Québec : p. 41a ;
© Ken Seet/Corbis : p. 43 ;
© Anuruddha Lokuhapuarachchi/Reuters/Corbis : p. 44 ;
© epa/Corbis : p. 45a ;
© David H. Wells/Corbis : p. 61 ;
© akg-image/Electa : p. 64a ;
© Arte & Immagini srl/Corbis : p. 64b ;
© Julian Kumar/Godong/Corbis : p. 65a ;
© Allen T. Jules/Corbis : p. 65b ;
© Jean-Pierre Lavoie : p. 65c ;
© Carnaval de Québec : p. 68a, 68b ;
© Canadian Museum of Civilization/Corbis : p. 70 ;
© Werner Forman/Corbis : p. 70b, 70c ;
© Peter Harholdt/Corbis : p. 71a, 71b, 71c ;
© Keith Dannemiller/Corbis : p. 74a ;
© Philippe Lissac/Godong/Corbis : p. 75b ;
© Christine Schneider/zefa/Corbis : p. 75c ;
© Arte & Immagini srl/Corbis : p. 80
© The Art Archive/Corbis : p. 81 ;
© David Turnley/Corbis : p. 82a ;
© Sotheby's/akg_images : p. 82b ;
© World Religions Photo Library – Christine Osborne : p. 83, 85 ;
© Megapress.ca/Philiptchenko : p. 84

Toutes les précautions ont été prises pour identifier les détenteurs de droits. Néanmoins, en cas d'erreur ou d'omission, les rectificatifs nécessaires seront apportés à une prochaine édition.

Présentation

Pourquoi des règles et pourquoi les respecter ? Pourquoi les plus petits ont-ils besoin des plus grands ? Que veut dire être responsable ? Les réponses à ces questions ne sont pas toujours simples. L'**éthique** t'aidera à y réfléchir. Elle t'aidera aussi à trouver certaines réponses pour mieux vivre avec les autres.

Sais-tu d'où vient la fête de Noël ? Qui est Jésus ? Qui est Abraham ? Pourquoi la nature est-elle si importante chez les Amérindiens ? Autour de toi, toutes sortes de fêtes, de gestes ou de récits ont un lien avec les religions. Avoir une **culture religieuse** t'aidera à mieux comprendre ces expressions du religieux.

Savoir discuter, raconter, comparer ou décrire, tout cela paraît simple. C'est vrai, à condition de respecter quelques règles et de ne pas tomber dans certains pièges. Par exemple, couper la parole à ton camarade, te moquer de lui, ou encore rejeter ses idées tout simplement parce que tu ne l'aimes pas. Tu auras donc besoin d'un instrument très important : le **dialogue**.

Ces trois éléments pour que nous puissions vivre en harmonie les uns avec les autres.

En bonne compagnie

Voici le groupe d'amis qui t'accompagnera
tout au long de l'année scolaire.

Alexis
est un petit garçon
vigoureux
et débrouillard.

Sabrina
est un peu timide,
mais elle est gentille
et elle a toujours de
bonnes idées pour
s'amuser.

Mélodie
est vive, bavarde
et aime être entourée
de ses amis.

Shérin
est très sportive. Elle avait
un an quand sa famille,
d'origine palestinienne, est
venue s'établir au Québec.

David
est né dans une famille
anglophone, mais ses
parents parlent aussi
français, tout comme
leurs enfants.

Salifou
est curieux et sportif.
Il rêve de paix pour
tous ses amis.

Tous sont des enfants comme toi. D'ailleurs, ils ont ton âge. Tous vont
à la même école, habitent le même quartier. Et leurs nouveaux
camarades deviendront un peu tes amis.

Découvre leur histoire dans les pages qui suivent. Profites-en pour
découvrir aussi quelques grands récits que les êtres humains se sont
transmis au cours des siècles. Tu verras que ces grands récits sauront
t'intéresser.

Des rubriques pour t'aider

Tout ce que tes amis Alexis, Mélodie et les autres apprendront au sujet de l'éthique, de la culture religieuse et du dialogue, tu l'apprendras aussi. Pour mieux progresser, aide-toi des rubriques du manuel.

Le cercle « **Quand j'y repense...** » lance la discussion à l'aide de quelques questions précises. À toi d'aller plus loin avec tes camarades, ton enseignante ou tes parents.

Le rectangle « **J'apprends** » est comme une petite encyclopédie. Tu es curieux ? Tu veux en savoir plus sur le monde qui t'entoure, les êtres humains, l'éthique et la culture religieuse ? Commence par ici et poursuis tes recherches à ton rythme.

Le rectangle « **Je dialogue** » te présente des éléments pour t'aider à pratiquer le dialogue. À la page 88, tu en trouveras la liste complète. Sois attentif à ces découvertes, elles t'aideront à mieux réfléchir.

Enfin, tout au long de l'année, tu apprendras des mots nouveaux, propres à chaque tradition religieuse. Note bien qu'il existe souvent plusieurs façons d'orthographier ces mots. Celle retenue dans ton manuel en est une parmi d'autres.

Une vie belle t'attend.
À toi de la découvrir.

Vivre ensemble

En classe, Shérin a l'air endormie ! Elle peine à écouter ce que dit son enseignante. Pourquoi ? Hier soir, elle a regardé une émission à la télé et s'est couchée trop tard. Ce matin, elle a eu du mal à se mettre en route pour l'école. Elle était distraite. Elle traînait...

À vrai dire, Shérin était si fatiguée ce matin qu'elle a oublié sa boîte à lunch. C'est maintenant l'heure de manger. Comme ses amis, Shérin a faim. Que va-t-elle faire ?

Quand j'y repense...

• Shérin est-elle responsable de la situation présente ? **Pourquoi ?**

Deux besoins essentiels

Tout être humain a besoin de sommeil et de nourriture.
Ce sont là deux besoins essentiels. Un sommeil réparateur
permet à l'organisme de reprendre des forces. La nourriture
est un carburant qui assure son bon fonctionnement.

Pour grandir et se développer
normalement, tout enfant a besoin
de huit à neuf heures de sommeil,
pris chaque nuit à des heures
régulières.

Tout enfant a aussi besoin
de trois repas équilibrés par jour.
Les aliments consommés au cours
de ces repas lui apporteront les
protéines, les vitamines et tout
autre élément nécessaire à sa
croissance.

Ainsi, selon ton âge,
le *Guide alimentaire canadien*
te recommande de manger
de cinq à six portions de légumes
et de fruits chaque jour.

Quand j'y repense...

● Diverses possibilités s'offrent à Shérin, qui a oublié sa boîte à lunch.
Elle peut sauter le repas de midi ce jour-là. Elle peut téléphoner à ses
parents et voir avec eux ce qu'il faut faire. Elle peut demander à la
surveillante de lui donner quelque chose à manger. Elle peut accepter
les aliments offerts par ses amis en puisant dans leur boîte à lunch.
Elle peut se mettre en colère contre l'émission de télé
qui lui a donné envie de se coucher tard.
Chacune de ses possibilités a des
avantages et des inconvénients.
Laquelle te semble la meilleure ?
Pourquoi ? Discute de la question
avec tes camarades.

Que ferais-tu dans la même
situation que Shérin ?

Je dialogue

● Une **conversation** c'est lorsque deux ou plusieurs personnes
échangent des idées ou se font part de leurs expériences.

*Shérin dit à Salifou qu'elle a oublié sa boîte
à lunch, et Salifou est désolé pour elle.
Shérin et Salifou ont une* **conversation**.

● Une **discussion** est un échange suivi et
structuré d'opinions ou d'idées dans le but
d'en faire l'examen.

Après **discussion**, *les amis de Shérin
ont trouvé une solution à son problème.*

9

Des valeurs communes

Dans la famille comme à l'école, certaines valeurs sont pratiquées. En voici quelques-unes.

- **L'entraide**, qui permet de résoudre plus facilement les problèmes.

- **La collaboration**, qui permet de terminer plus rapidement le travail à faire.

C'est décidé : samedi matin, toute la famille ira pique-niquer à la plage. Mais d'abord, il faut faire le ménage. Vite, tout le monde fait sa part – parents et enfants.

- **Le partage**, qui permet parfois de corriger certaines situations.

Tu as oublié ton livre de français à la maison ? Gentiment, ton camarade t'invite à suivre dans le sien.

- **Le souci des autres**, qui permet de mieux vivre ensemble.

Ce soir, ta maman est rentrée plus tard du travail et elle est bien fatiguée. Surprise ! Ton frère et toi avez préparé le repas. Papa a mis la table. Maman n'a plus qu'à se détendre.

Les amis de Shérin ont bien réfléchi.
Ils ont discuté de la conduite à suivre et
trouvé la solution : partager. Chacun lui
donnera un aliment de sa boîte à lunch.
Shérin est soulagée et ses amis sont tout
contents de lui faire plaisir !
– Tiens, dit Mélodie, aujourd'hui
j'ai beaucoup trop de choses dans
ma boîte. Prends la moitié de mon
sandwich au poulet !

Quand j'y repense...

- Le problème de Shérin est-il résolu ?

- Selon toi, que doit faire Shérin pour que la situation ne se reproduise pas ?

Des naissances hors de l'ordinaire

Le bouddhisme apparut au nord de l'Inde, vers le VIe siècle avant l'ère chrétienne. Il s'agit d'une religion née des enseignements de Bouddha, mot sanskrit qui veut dire « l'Éveillé ». En effet, selon les Écritures bouddhiques, c'est après avoir longuement médité que le Bouddha « s'éveilla » à la réalité. Dès lors, il mit au point une série de préceptes devant conduire à la paix et à l'équilibre du corps et de l'esprit.

À l'origine, Bouddha était un prince répondant au nom de Siddhartha Gautama. Sa naissance fut entourée de circonstances extraordinaires, comme tu le découvriras maintenant.

Sculpture représentant Bouddha

La naissance de Siddhartha

Il y a plus de 2600 ans, dans un petit royaume de l'Inde, au pied de l'Himalaya, vivaient le roi Shuddhodana et sa femme, la reine Maya. Un jour, celle-ci fit un rêve : un grand éléphant blanc entrait dans le flanc droit de son corps. C'est ainsi que la reine fut enceinte.

La reine Maya mit l'enfant au monde au pied d'un arbre,
dans le parc de Lumbinî. Selon les Écritures bouddhiques,
aussitôt sorti du ventre de sa mère, le bébé fit sept pas.
C'est ainsi qu'il prit la mesure du monde.

Quand son père apprit la nouvelle, il devint fou de joie : il
avait enfin un héritier. Il lui donna le nom de Siddhartha
Gautama et fit venir des devins pour connaître son avenir.
L'un d'entre eux distingua sur le corps de l'enfant les
trente-deux marques principales et les quatre-vingts
marques mineures qui caractérisent l'homme appelé à un
grand destin. Deux voies s'ouvraient au jeune prince,
ajouta le devin. Soit il deviendrait un puissant roi à son
tour. Soit il quitterait le royaume et deviendrait un moine
mendiant, à la recherche de la sagesse.

La reine Maya mourut peu de temps après avoir mis son bébé au monde. Sa sœur cadette épousa le roi et éleva l'enfant pour en faire un prince.

Le roi Shuddhodana décida de cacher à Siddhartha le monde extérieur avec ses tristesses et ses souffrances. Les serviteurs reçurent l'ordre d'éviter qu'il ne quitte le palais. On enseigna au jeune prince les sciences, les langues et les arts, ainsi que l'équitation et le maniement des armes.

Siddhartha avait droit à tous les plaisirs. Au palais, ce n'était que musiques et danses. Les jardins étaient magnifiques. Tout était fait pour qu'il ne découvre pas le monde extérieur ni les souffrances des hommes.

Quand j'y repense...

- En quoi la naissance du prince Siddhartha sort-elle de l'ordinaire ?

- À quoi l'un des devins reconnaît-il que Siddhartha sera plus tard un grand homme ?

- Des deux destins promis à Siddhartha, lequel te paraît le plus enviable ? **Pourquoi ?**

La naissance de Krishna

L'hindouisme est une religion orientale qui pose l'existence de plusieurs divinités. Celles-ci sont d'ordinaire autant de formes que peut prendre la divinité supérieure. Suivant ce principe, trois divinités sont souvent réunies : Brahma, le dieu créateur ; Shiva, le dieu destructeur ; et Vishnou, le dieu protecteur. Dans la pensée hindoue, chaque fois que l'ordre du monde est menacé par le chaos, Vishnou descend sur terre sous la forme d'un animal ou d'un être humain afin de rétablir l'ordre. Une telle incarnation de Vishnou est appelée *avatara* (mot sanskrit qui veut dire « descente »). Le dieu Krishna est l'un des *avatara* de Vishnou.

L'hindouisme repose sur plusieurs textes très anciens et importants. Parmi ceux-ci, il y a les *Purana*, dont certains racontent des épisodes de la vie de Krishna. Découvre maintenant le récit de la naissance extraordinaire de Krishna, dieu hindou à la peau sombre.

Krishna naquit à Mathura, au nord de l'Inde. Sa mère était la princesse Devaki, et son père, le prince Vasudeva. Tous deux avaient été emprisonnés par le roi Kansa, leur cousin, qui craignait la réalisation d'une vieille prophétie. Un jour, disait la prophétie, le roi Kansa serait tué par un membre de sa famille. Voilà pourquoi le roi avait fait jeter en prison Devaki et Vasudeva.

Un jour Devaki sentit remuer dans son ventre Krishna, le dieu aux yeux de lotus et protecteur de l'univers. C'était son huitième enfant.

Alors la lune brilla sur toute la terre, qui se remplit de joie. Les océans firent entendre une douce musique. Dans le ciel, les déesses dansèrent et chantèrent ; les dieux lancèrent des fleurs. À minuit, quand le dieu fut sur le point de naître, les nuages crevèrent et des milliers de pétales de fleurs descendirent sur la terre.

Son père et sa mère saluèrent le nouveau-né. Ils reconnurent en lui le dieu Krishna. Puis un grand silence se fit. Sous l'effet d'un charme, les gardiens de la prison furent plongés dans le sommeil. Alors, Vasudeva s'enfuit dans la nuit pour mettre le bébé à l'abri, loin du roi Kansa.

Bientôt, des trombes de pluie tombèrent du ciel. Shesha, le serpent à plusieurs têtes, se glissa à la suite de Vasudeva et déploya ses nombreuses têtes au-dessus du père et du petit bébé pour les protéger de la pluie.

Vasudeva atteignit ensuite les rives du fleuve Yamuna. Ses eaux étaient profondes. À plusieurs endroits, elles formaient des remous dangereux. Mais à la vue de l'enfant, les eaux du fleuve se calmèrent. Elles ne montèrent pas plus haut qu'aux genoux de Vasudeva, qui traversa le fleuve sans encombre, en portant son fils dans ses bras.

Vasudeva gagna un campement de bergers. Là vivaient Yashoda et son mari Nanda. Sans bruit, Vasudeva pénétra dans la maison et déposa son fils aux côtés de la femme endormie. À son réveil, Yashoda se dit qu'elle avait mis au monde un garçon à la peau sombre comme les feuilles du lotus. Elle en fut très heureuse. Pendant ce temps, Vasudeva retrouva sa femme en prison.

C'est ainsi que Krishna fut confié à ses parents adoptifs, Nanda et Yashoda. Il grandit auprès d'eux, au milieu de jeux, dans la forêt, en compagnie de bergers et de bergères.

Quand j'y repense...

- À quels signes la terre se réjouit-elle de la naissance de Krishna ?

- Comment le serpent Shesha protège-t-il de la pluie le bébé Krishna et son père ? Selon toi, pourquoi agit-il ainsi ?

- Selon toi, pourquoi le prince Vasudeva confie-t-il le bébé à une inconnue ?

Glouskap, ami de son peuple

Glouskap est un personnage très présent dans les récits traditionnels des Abénaquis, des Micmacs, des Algonquins et des Malécites. Glouskap est un géant aux pouvoirs surnaturels. Il est né de l'Esprit créateur, tout comme son frère Malsumis. Mais alors que Glouskap est bon et veut aider les êtres humains, Malsumis cherche à faire le mal.

Les récits de Glouskap varient selon les différentes traditions amérindiennes. Découvre ici un récit algonquin qui parle de Glouskap et des bienfaits qu'il a apportés à son peuple.

Gravure sur écorce de bouleau représentant Glouskap

Comment les hommes devinrent les maîtres des animaux

Glouskap était grand et fort comme deux hommes. Il possédait une ceinture magique qui le rendait très puissant. Contrairement à son frère Malsumis, Glouskap n'utilisait ses pouvoirs que pour faire le bien. Il y a très longtemps, il n'y avait que la forêt et la mer. Glouskap décida donc de peupler le monde.

Glouskap fit d'abord jaillir de la pierre des petites créatures qu'il appela des Megumouwesous.

Puis, il lança une flèche sur un tronc d'arbre mort et en fit sortir des êtres humains. Ces hommes et ces femmes étaient tous forts et beaux. Glouskap les appela les Wabanakis.

Enfin, de la roche et de la boue, Glouskap fit sortir toutes sortes d'animaux. En ce temps-là, les animaux étaient bien plus grands et bien plus forts que les êtres humains.

Malsumis regardait faire son frère avec jalousie. Tout au fond de la boue, il aperçut une créature qui n'était ni un castor, ni un blaireau, ni un carcajou, mais un mélange des trois. De plus, cette créature pouvait prendre la forme qu'elle voulait.

Malsumis lui jeta un sort.

— Voici Lox, s'exclama-t-il, quand l'animal sortit au grand jour.

19

Tout comme Malsumis, Lox ne tarda pas à se montrer malfaisant.
Ayant pris l'apparence d'un carcajou, il s'approcha d'un orignal si grand
que ses bois allaient jusqu'au sommet du grand pin.

— Si jamais tu rencontres un homme, dit Lox à l'orignal, donne-lui donc un coup
de tes bois et envoie-le promener au bout du monde.

— Non ! s'écria Glouskap.

De la main, il toucha l'orignal et le réduisit jusqu'à sa taille actuelle.

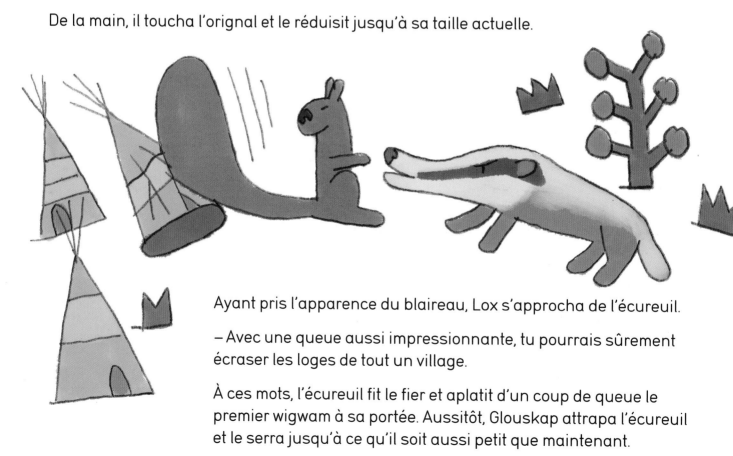

Ayant pris l'apparence du blaireau, Lox s'approcha de l'écureuil.

— Avec une queue aussi impressionnante, tu pourrais sûrement
écraser les loges de tout un village.

À ces mots, l'écureuil fit le fier et aplatit d'un coup de queue le
premier wigwam à sa portée. Aussitôt, Glouskap attrapa l'écureuil
et le serra jusqu'à ce qu'il soit aussi petit que maintenant.

Ayant pris l'apparence d'un castor,
Lox s'approcha de l'ours. En ce temps-là,
l'ours était presque aussi gros qu'aujourd'hui,
mais sa gueule était encore plus terrifiante.

– Que feras-tu, ours, si tu rencontres
un homme ? interrogea Lox.

L'ours se gratta le crâne et réfléchit.

– Je n'en ferai qu'une seule bouchée,
répondit-il.

Mais voilà qu'en disant cela sa gueule rapetissait !

– À partir de maintenant, dit Glouskap, tu ne pourras plus manger
que des petits animaux, des poissons ou des baies sauvages.

Glouskap était mécontent du comportement des animaux. Il les réunit et leur fit la leçon.

– Je vous avais créés à l'égal des êtres humains, mais vous avez voulu les dominer.
Prenez garde. Un jour, les humains pourraient bien devenir vos maîtres.

C'est exactement ce qui se produisit quand Glouscap apprit à son peuple à chasser et
à se vêtir de peaux de bêtes.

– Mais attention ! dit Glouscap aux humains. Je vous ai donné le pouvoir de dominer les
animaux. Utilisez-le avec sagesse. Ne tuez pas plus de gibier qu'il n'en faut pour vous
nourrir et vous vêtir. Ne tuez pas pour le plaisir de tuer. Sinon, le géant Famine sera
parmi vous. Et là où est le géant Famine, il n'y a que la faim et la mort. Ne l'oubliez pas.

Quand j'y repense...

- Plusieurs animaux habitent le monde de Glouskap. Lesquels ? Décris-les.

- De quelle manière Glouskap est-il venu en aide à son peuple ?

- Selon toi, qui est le géant Famine ? Comment peut-il intervenir dans la vie du peuple de Glouskap ?

J'apprends

Qui sont les Amérindiens ?

Pow-wow attikamek à Manawan, au Québec, en 2006

Avec les Inuits, les peuples amérindiens sont les premiers habitants de l'Amérique du Nord.

Au Québec, les Inuits vivent dans le Grand Nord, dans un territoire appelé aujourd'hui le Nunavut.

Pour leur part, les Amérindiens comptent plusieurs nations : par exemple, les Mohawks, les Algonquins, les Hurons-Wendats, les Abénaquis, les Innus, les Attikameks, les Malécites, les Naskapis, les Cris et les Micmacs. Autrefois, ces derniers, tout comme les Abénaquis, faisaient partie de la Confédération des Wanabakis, comme tu as pu le voir dans le récit de Glouskap raconté dans les pages précédentes.

Les nations amérindiennes présentent une grande diversité. Chaque nation et les communautés qui s'y rattachent sont en effet pourvues de cultures, de coutumes, de croyances et de langues qui leur sont propres.

La chanteuse inuite Elisapie Isaac dans un studio d'enregistrement

● Faire une **comparaison** consiste à établir des différences ou des ressemblances entre deux ou plusieurs éléments.

*En ce temps-là, dit le récit de Glouskap, les animaux étaient bien plus grands et bien plus forts que les êtres humains. Le récit fait ainsi une **comparaison** entre la taille des animaux et celle des êtres humains.*

Au XVIᵉ siècle, à l'arrivée des premiers Européens venus s'établir en Amérique du Nord, les peuples amérindiens étaient nomades. On appelle nomades les peuples qui n'habitent pas toujours au même endroit. Ainsi, les peuples amérindiens se déplaçaient sur différentes portions de territoires, où ils vivaient de chasse et de pêche, tout en pratiquant le commerce. À partir du XIXᵉ siècle, ils ont été contraints de vivre dans des réserves.

Sourires inuits

Nos amis, les animaux

Sais-tu où vivent ces animaux et quels sont leurs besoins ?

Les rapports des êtres humains avec les animaux

Dans les temps préhistoriques, tous les animaux étaient sauvages. Au fil des siècles, l'être humain en a apprivoisé certains. Le cheval ou la vache sont devenus des animaux domestiques. Ainsi, la vache donne du lait et de la viande au fermier. En retour, celui-ci l'abrite dans une étable et lui donne à manger. Les besoins de l'être humain et de l'animal domestique sont alors satisfaits de manière complémentaire.

Parmi les animaux domestiques, il y a les animaux de compagnie. On appelle ainsi les animaux qui vivent en étroite amitié avec les êtres humains, sous le même toit. Le chat, le chien ou le hamster sont des animaux de compagnie. Par exemple, pour son maître, le chien est une présence fidèle et amicale. Tous deux ont appris à communiquer et sont liés par une affection mutuelle.

Enfin, nombre d'animaux sont demeurés sauvages et vivent dans leur milieu naturel. En règle générale, ils ont peu de contact avec les êtres humains.

Quand j'y repense...

- Peux-tu nommer quelques animaux domestiques et dire en quoi ils sont utiles ?

- Les animaux sauvages peuvent-ils satisfaire certains besoins des êtres humains ?

- Selon toi, les besoins des animaux domestiques et des animaux sauvages sont-ils les mêmes ?

La place de l'être humain dans le vivant

Sur la planète, tout ce qui est vivant se répartit en quelques grandes catégories appelées « règnes ». Le tout forme un vaste système où prend place l'être humain.

Il y a ainsi le règne végétal qui concerne la végétation et les plantes.
Il y a aussi le règne animal qui regroupe tous les animaux, y compris les êtres humains.

Dans le règne animal, les êtres humains ont le cerveau le plus développé. Ils forment une espèce appelée espèce humaine.

D'autres espèces animales peuplent la planète. Par exemple, il y a les poissons, les oiseaux, les insectes, les mammifères, et plusieurs autres.

On appelle mammifères les animaux dont la femelle nourrit ses petits à la mamelle.

Des espèces animales à protéger

Plusieurs espèces animales sont en train de disparaître. Il y a plusieurs raisons à cela. Parfois, ces animaux sont victimes d'une chasse illégale, qu'on appelle le braconnage. Parfois aussi, les villes gagnent en étendue. Alors la nourriture des animaux se fait plus rare ou leur habitat naturel disparaît. Voici quelques espèces animales menacées au Québec :

le béluga de l'estuaire du Saint-Laurent

Le béluga est un mammifère marin. Pour le protéger, le fleuve Saint-Laurent doit cesser d'être pollué.

le chevalier cuivré

Ce poisson n'existe qu'au Québec. Il est interdit de le pêcher.

Quand j'y repense...

le carcajou

Le carcajou appartient à la même famille que les loutres, les blaireaux et les mouffettes. Il se fait de plus en plus rare au Québec. Il est donc interdit de le chasser.

- Les êtres humains devraient-ils protéger les animaux ? **Pourquoi ?**

- À ton avis, l'être humain devrait-il se préoccuper de la disparition d'une espèce animale ?

Les animaux dans des récits religieux

Suivant leur nature et leur mode de vie, les êtres humains et les animaux cohabitent sur la planète. Les animaux sont également présents dans plusieurs récits religieux. En voici quelques exemples.

Fresque de la Nativité à Bethléem

L'âne et la crèche de Noël chez les chrétiens

Selon le Nouveau Testament, lorsque l'enfant Jésus vint au monde, Marie et Joseph se servirent d'une mangeoire et d'un peu de paille pour lui faire un berceau. Des siècles plus tard, certains auteurs racontèrent qu'un bœuf et un âne se trouvaient là. Comme il faisait froid, ceux-ci ont réchauffé le nouveau-né de leur haleine. Dans la crèche, au pied du sapin de Noël, le bœuf et l'âne occupent souvent une place de choix.

Santons de Provence

Les mages en route vers Bethléem, de James Tissot, 1886-1894

Des animaux et des mages

Selon le Nouveau Testament, d'autres animaux participèrent à la première nuit de Noël, il y a 2000 ans. Des bergers suivis de leurs moutons vinrent rendre visite à l'enfant Jésus, la nuit de sa naissance. Puis, des mages vinrent aussi le visiter. Comme ces mages venaient de très loin, ils sont souvent représentés voyageant à dos de chameau.

Avec les années, la tradition chrétienne fit de ces mages des rois. Et comme ceux-ci arrivèrent plusieurs jours après la naissance de Jésus, les chrétiens fêtent « les Rois » (ou l'Épiphanie) le 6 janvier, douze jours après Noël. Dans certaines familles, on attend même cette date pour placer les figurines des mages dans la crèche de Noël. On mange alors en famille un gâteau spécial appelé galette des Rois.

La galette des Rois

Les battements du cœur de la Terre-Mère sur l'île de la Tortue, de Roy Thomas, 2007

La Grande Tortue et le crapaud des Hurons

Chez les Amérindiens, plusieurs récits traditionnels cherchent à expliquer d'où vient la terre. Les animaux jouent un rôle important dans ces récits. Par exemple, les Hurons-Wendats racontent qu'il y a très longtemps Grande Tortue était le chef des animaux. Ils ajoutent que tous vivaient alors dans l'eau. Un jour, Aataentsic, la femme-esprit, décida de créer le sol. Plusieurs animaux voulurent l'aider dans cette tâche, mais seul le crapaud rapporta du fond de l'eau la motte de boue qui servit à créer la terre ferme.

Une vache en Inde

La vache, animal pur chez les hindous

En Inde, la vache est un animal pur, que beaucoup d'hindous vénèrent et protègent. Il arrive même que l'on accepte sa présence dans la rue, même si elle gêne le trafic.

Roxie est malade !

Mélodie est inquiète. Ces derniers jours, sa chienne Roxie ne va pas bien. Elle passe la journée couchée dans son panier et n'a plus envie d'aller en promenade. Que faire ? Mélodie emmène Roxie chez sa tante Denise, qui est vétérinaire.

— Ne t'en fais pas, dit tante Denise, après avoir examiné la petite chienne. Ce n'est qu'une grippe. Je lui ai donné un médicament pour faire tomber la fièvre. Elle ira mieux demain.

Mélodie est soulagée.

— Merci, ma tante. Dis donc, tu aimes vraiment les animaux, toi !

— Oui, et figure-toi que c'est depuis que je suis toute petite.

Quand j'y repense...

● Selon toi, pourquoi les fermiers des environs acceptaient-ils d'héberger les animaux du zoo ?

● Quels besoins des animaux étaient-ils ainsi satisfaits ?

● Selon toi, les fermiers y trouvaient-ils leur compte ? De quelle façon ?

— Je me souviens, poursuit tante Denise. Enfant, j'habitais dans une ferme à Granby, près du zoo. En hiver, quand le zoo fermait ses portes, la girafe d'Afrique et la vache de l'Inde prenaient pension dans notre étable, parmi les vaches, les chevaux et les moutons de la ferme. Tous se réchauffaient alors entre eux. Ainsi confiés aux fermiers des environs, les animaux du zoo de Granby étaient nourris et protégés du froid. Quelle fête c'était pour nous, les enfants !

Un grand déluge

Peux-tu imaginer toute la Terre détruite en raison d'un grand déluge ? Un récit de ce genre se trouve dans la Bible. Heureusement, un homme fut épargné (et avec lui sa famille), parce qu'il était un homme juste. Cet homme s'appelait Noé. Découvre maintenant ce récit important pour les juifs et les chrétiens.

Prends note que les musulmans connaissent eux aussi Noé. Ils lui donnent le nom de Nuh. Dans la tradition musulmane, Nuh est un prophète.

L'arche de Noé, enluminure d'un manuscrit flamand, XVe siècle

Et vogue l'arche de Noé !

Il y a très longtemps, les hommes se comportaient si mal que Dieu, raconte la Bible, regretta d'avoir créé les êtres humains. Il voulut détruire ce qu'il avait fait.

De tous les êtres humains peuplant alors la Terre, seul Noé était juste. Dieu voulut l'épargner. Il lui ordonna donc de construire une arche qui pourrait résister à un grand déluge.

Dieu dit à Noé de prendre avec lui, dans l'arche, tous les membres de sa famille. Il lui dit de prendre aussi un couple de chaque espèce animale qui vivait sur la terre ou volait dans les airs. Noé fit comme Dieu lui avait ordonné.

Pendant quarante jours, la pluie tomba. Les eaux montèrent et la terre fut submergée. Même les plus hautes montagnes furent recouvertes d'eau. Tout ce qui vivait sur la Terre disparut. Les oiseaux, qui ne pouvaient plus trouver de nourriture ni se poser, disparurent aussi. L'arche flottait sur les eaux. Dans l'arche, la vie continuait. Le déluge, raconte la Bible, dura cinq mois.

Au bout de cinq mois, Dieu fit passer un vent sur la terre, et les eaux commencèrent à baisser. L'arche s'échoua au sommet du mont Ararat. Autour de l'arche, les eaux continuaient à baisser lentement. Finalement, un jour, Noé aperçut le sommet des montagnes. Il ouvrit une fenêtre et lâcha une colombe.

Le soir venu, la colombe revint vers l'arche, le bec vide. Noé attendit encore. Sept jours plus tard, il lâcha à nouveau la colombe. Cette fois, elle revint en tenant un rameau d'olivier dans son bec. La présence du rameau voulait dire que la vie était revenue sur la Terre.

Dieu envoya alors dans le ciel un signe pour dire qu'il avait conclu une alliance avec tout ce qui vit sur la Terre. Un magnifique arc-en-ciel troua les nuages. L'arc-en-ciel était le signe que Dieu ne provoquerait plus de déluge pour détruire tout ce qui vit sur la Terre. Désormais, les hommes et les animaux pourraient y vivre en paix.

35

L'arc-en-ciel dans différents récits

Photomontage de James Nazz, 1999

Depuis la nuit des temps, l'arc-en-ciel a nourri l'imagination des êtres humains.

En Irlande, de vieilles légendes parlent d'un trésor qui se trouverait au bout de l'arc-en-ciel.

Dans d'autres cultures, on considère l'arc-en-ciel comme un serpent, un pont vers le ciel, ou encore une rivière.

Pour les Hurons-Wendats, l'arc-en-ciel est un pont de toutes les couleurs. Il y a très très longtemps, il permettait aux hommes de se rendre de l'île de Grande-Tortue au monde d'en haut, aussi appelé l'« île de Petite-Tortue ».

Quand j'y repense...

- Pourquoi survient-il un grand déluge dans le récit de Noé ?

- Comment se termine le récit de Noé ?

Noé faisant sortir les animaux de l'arche, mosaïque de Ravenne, XIIIe siècle

L'adoption de l'humanité selon un récit natchez, de Richard Hook, XXe siècle

Comment se forme l'arc-en-ciel ?

L'arc-en-ciel est un phénomène naturel. Après la pluie, les rayons du soleil traversent des gouttelettes encore en suspension dans l'air. La lumière se divise alors en sept couleurs : le rouge, l'orange, le jaune, le vert, le bleu, l'indigo et le violet.

Je dialogue

● Une **description** consiste à énumérer les différentes caractéristiques d'un objet ou d'une situation donnés.

*L'arc-en-ciel est composé de plusieurs couleurs, explique David. David en fait la **description**.*

● Faire un **jugement de préférence**, c'est affirmer de manière personnelle et subjective ses goûts et ses préférences.

*Ma couleur préférée, dit Mélodie, est le rouge. Mélodie fait un **jugement de préférence**.*

Bon anniversaire, Alexis !

Aujourd'hui, c'est mon anniversaire. J'ai huit ans. Tous mes amis sont venus me fêter. Sauf Sabrina, qui a promis à son grand-père de l'aider à ramasser les feuilles mortes sur la pelouse.

J'aime beaucoup quand c'est mon anniversaire. Papa et maman me préparent une surprise. Les amis sont là. Il y a un énorme gâteau avec des bougies. Il y a aussi des cadeaux qui m'attendent.

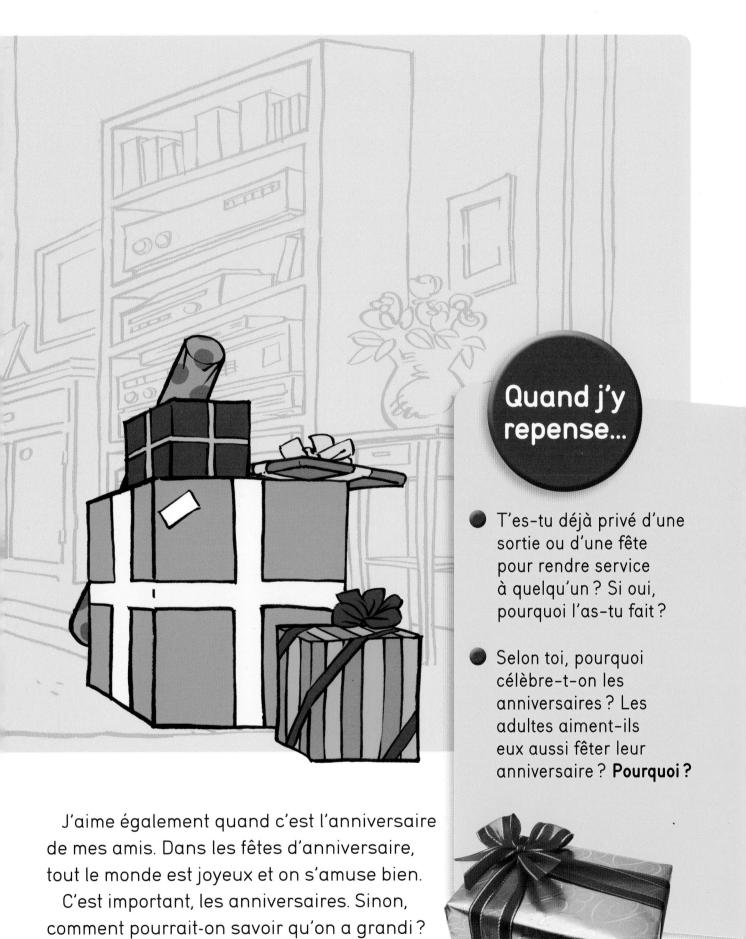

Quand j'y repense...

● T'es-tu déjà privé d'une sortie ou d'une fête pour rendre service à quelqu'un ? Si oui, pourquoi l'as-tu fait ?

● Selon toi, pourquoi célèbre-t-on les anniversaires ? Les adultes aiment-ils eux aussi fêter leur anniversaire ? **Pourquoi ?**

J'aime également quand c'est l'anniversaire de mes amis. Dans les fêtes d'anniversaire, tout le monde est joyeux et on s'amuse bien. C'est important, les anniversaires. Sinon, comment pourrait-on savoir qu'on a grandi ?

Des fêtes religieuses

L'anniversaire de naissance est généralement célébré en famille et avec les amis. Cette fête n'est pas liée à la religion. C'est une fête profane.

Au cours de l'année, d'autres fêtes ont lieu, qui ont un rapport avec la religion. Ce sont des fêtes religieuses. En voici quelques-unes.

Un sapin de Noël sous la neige

Une couronne de l'Avent

Noël dans le christianisme

Pour les chrétiens (catholiques, orthodoxes, protestants, anglicans), la fête de Noël célèbre la naissance de Jésus, survenue il y a plus de 2000 ans, selon le Nouveau Testament. Cette fête a lieu, chaque année, le 25 décembre. Elle est le plus souvent célébrée en famille et s'accompagne d'une cérémonie religieuse.

Ainsi, le soir précédant Noël, la plupart des catholiques assistent à la messe qui a lieu, traditionnellement, à minuit. Puis, chacun se retrouve en famille pour un grand repas appelé réveillon. Dans plusieurs maisons, un sapin de Noël est dressé au salon. Il est orné de boules et de guirlandes. Souvent, une crèche est posée au pied de l'arbre. Dehors, les rues et les édifices sont également décorés tout spécialement pour Noël, qui donne lieu à toutes sortes de réjouissances.

La période de quatre semaines qui précède la fête de Noël est appelée l'Avent. Pour la plupart des chrétiens, c'est une période d'attente et de préparation spirituelle à Noël. Suivant la tradition, certaines familles tressent une couronne de l'Avent à l'aide de branches de pin, sur lesquelles quatre bougies sont placées. Chaque semaine, une nouvelle bougie est allumée. Lorsque la quatrième bougie brille, c'est Noël.

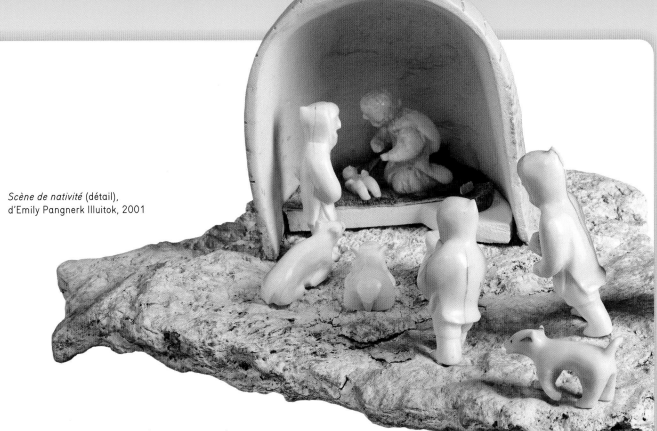

Scène de nativité (détail),
d'Emily Pangnerk Illuitok, 2001

Noël et les peuples autochtones

Le récit de la Nativité est un récit chrétien. Cependant, certains peuples amérindiens et inuits ont pu l'intégrer à leur culture et en proposer une interprétation originale. C'est ce que font les crèches inuite et amérindienne que tu vois ici. La crèche amérindienne montre les différentes nations amérindiennes d'Amérique du Nord qui rendent visite à l'enfant Jésus. La crèche inuite montre une scène de la Nativité sculptée selon les caractéristiques de l'art inuit.

Les Amérindiens et les Inuits ont pourtant leurs propres traditions spirituelles. Pourquoi se sont-ils intéressés au récit chrétien de la Nativité ? Parce que bon nombre d'Amérindiens et d'Inuits furent obligés de se convertir au christianisme à partir de l'établissement des

Européens en Amérique, il y a près de cinq cents ans. Les Amérindiens et Inuits ont emprunté des techniques utilisées par les arrivants européens et inclus dans leur patrimoine religieux des récits appartenant à la tradition chrétienne. Ainsi, en devenant chrétiens, ces peuples autochtones ont conservé certains aspects de leur identité, comme tu le constates maintenant.

Crèche de Noël appartenant aux Hurons-Wendats

Rosh Hashanah dans le judaïsme

L'une de fêtes importantes du judaïsme est celle du Nouvel An. En hébreu, elle porte le nom de *Rosh Hashanah*. Cette fête a lieu chaque année, entre la fin de septembre et le début d'octobre, et elle rappelle la création du monde. Pour les juifs pratiquants, elle rappelle aussi le jour du Jugement, au cours duquel ils doivent répondre de leurs actes, en bien ou en mal, devant Dieu.

Rosh Hashanah est donc une fête à la fois joyeuse et grave. Elle est joyeuse, parce qu'elle affirme, pour les juifs croyants, la royauté de Dieu sur le monde. Elle est grave, parce qu'elle invite chacun à interroger sa conscience pour examiner ses actions et regretter ses fautes. Pour les juifs pratiquants, cette période d'examen se poursuit pendant dix jours, jusqu'au jour du Grand Pardon, appelé *Yom Kippour*, qui est un jour de jeûne.

À *Rosh Hashanah*, les fidèles sont invités à la synagogue au son du *shofar*. Il s'agit d'une corne de bélier ou d'antilope, nettoyée et préparée, qui sert à appeler les fidèles. Depuis l'Antiquité, le *shofar* est utilisé par les juifs à l'occasion de certaines fêtes solennelles comme *Rosh Hashanah* et *Yom Kippour*.

Après l'office de *Rosh Hashanah*, on échange des vœux de bonheur pour la nouvelle année. On se réunit ensuite en famille autour d'un grand repas de fête où l'on mange des plats sucrés afin que l'année qui commence soit douce comme le miel.

Juif soufflant dans le *shofar*

Quand j'y repense...

- À quels signes reconnaît-on l'approche de Noël ?

- Noël est une fête chrétienne. Selon toi, cette fête est-elle célébrée uniquement par les chrétiens ? **Pourquoi ?**

- Quelles sont les deux significations données, dans le judaïsme, à la fête de *Rosh Hashanah* ?

- Selon toi, la nécessité de réfléchir à ses actions est-elle uniquement liée au judaïsme ?

La fête de *Divali* dans l'hindouisme

Pour les hindous, la fête de *Divali* rappelle le retour du roi Rama, septième manifestation du dieu hindou Vishnou et de son épouse Sita. Pour leur montrer la route, leurs sujets avaient allumé des lumières le long du chemin. La fête de *Divali* a lieu chaque année, en octobre ou en novembre.

Deux jours avant *Divali*, la maison est nettoyée pour la fête. Avec les enfants, on se rend au marché pour acheter de quoi préparer des friandises, confectionnées en famille. Le jour de la célébration, on se baigne, on allume des bougies et des lampes. On mange des mets spécialement préparés pour l'occasion. Les gens se rendent visite et les enfants reçoivent de menus cadeaux. Le soir, lors d'un rituel, on raconte des histoires liées à la fête et on honore les divinités, en particulier la déesse de la Prospérité censée se montrer généreuse. Des feux d'artifice accompagnent la fête.

Le mot *Divali* vient d'une langue très ancienne, le sanskrit, et signifie « rangée de lumières ».

Jeune femme allumant un lampion durant la fête de *Divali*

La fête de *Wesak* dans le bouddhisme

Lors de la pleine lune du mois d'avril ou de mai, les bouddhistes célèbrent une fête très importante généralement appelée *Wesak* (du nom de ce mois en sanskrit). Cette fête commémore la naissance, la mort et l'éveil du Bouddha.

Le plus souvent, les bouddhistes célèbrent cette fête en se rendant au temple pour rendre hommage au Bouddha. Ils lui offrent alors des bougies, de l'encens et des fleurs. Des lanternes de papier de toutes les couleurs illuminent parfois les rues et les maisons.

Bouddhistes allumant des lampions lors de la fête de *Wesak*, à Colombo, au Sri Lanka

Enfants musulmans s'embrassant à l'occasion de la fête d'*Id al-Adha*, à New Delhi, en Inde

L'*Id al-Adha* dans l'islam

Pour les musulmans, la fête d'*Id al-Adha* est une fête importante. Celle-ci est appelée « fête du sacrifice », car elle rappelle le sacrifice qu'Abraham, selon le Coran, était prêt à faire de son fils, pour obéir à Dieu. Heureusement, Dieu n'exigea pas d'Abraham ce sacrifice suprême. À la place, un animal fut sacrifié.

La fête d'*Id al-Adha* a lieu chaque année, au dernier mois du calendrier musulman.

En souvenir de l'obéissance d'Abraham et de celle de son fils, chaque famille peut sacrifier un mouton selon un rituel précis.

Note que le récit du sacrifice d'Abraham est également présent dans la Bible, sous une forme quelque peu différente.

Le nom de Dieu calligraphié en arabe

Un nouvel ami

Alexis et David disputent une partie de soccer endiablée avec leur nouvel ami Tarik. La première fois qu'il est entré dans la classe, Tarik avait l'air triste et était silencieux. Alexis et David ont dû l'inviter à jouer à plusieurs reprises avant qu'il n'ose accepter.

Soudain, un avion vole au-dessus de l'école. Alexis et David lèvent le nez, curieux. Lorsqu'ils veulent reprendre leur partie de ballon, Tarik a disparu. Où est-il passé ?

Quand j'y repense...

- Selon toi, pourquoi Tarik avait-il l'air triste et était-il silencieux la première fois qu'il est entré dans la classe ?

- Alexis et David ont invité Tarik à jouer avec eux. **Pourquoi ?**

- Quels autres gestes auraient-ils pu faire pour mettre Tarik en confiance ?

Des besoins et leurs réponses

Comme tout être humain, chaque enfant a des besoins à satisfaire. C'est le plus souvent en famille et à l'école qu'il trouvera d'abord à les satisfaire. La présence des autres est alors indispensable.

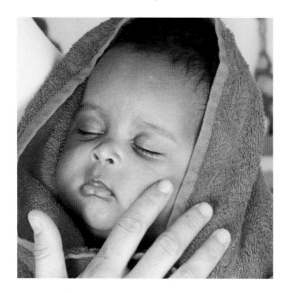

Dans la famille

Les parents nourrissent, habillent et lavent le petit enfant. Ils lui apportent sécurité et amour, tout comme à ses frères et sœurs s'il en a. L'enfant apprend ses premiers mots au sein de la famille. C'est là qu'il fait ses premiers pas. Peu à peu il apprend à se débrouiller.

À l'école

L'école enseigne à l'enfant des tas de choses qui lui serviront toute la vie. C'est l'un des lieux où l'enfant apprend à vivre en groupe, à s'exprimer, à avoir confiance en lui, à agir avec les autres dans le respect de chacun.

Des besoins insatisfaits

Cependant, tous les besoins de tous les enfants ne sont pas satisfaits au même degré ni de la même façon. De plus, certaines situations ne favorisent guère leur développement. Ainsi, la violence, le sentiment d'insécurité et la négligence dont ils sont parfois victimes sont autant d'obstacles à leur épanouissement.

Tarik explique. L'avion lui a fait très peur. Il lui rappelait la guerre qu'il a connue dans son pays. Tarik et sa famille sont des réfugiés. Là-bas, raconte-t-il, des avions lançaient des bombes sur les maisons. Il a vu des maisons exploser. Des gens étaient blessés ou tués. Maintenant Alexis et David comprennent pourquoi Tarik est souvent triste et pourquoi il sursaute au moindre bruit.

En classe, Tarik est nerveux.
Tout à l'heure, il a sursauté sans raison.
Au passage, il a bousculé Mélodie,
qui a fait une rature dans son cahier.
Mélodie n'est pas contente.
– Madame, dit-elle à son enseignante,
Tarik me dérange tout le temps !

Penaud, Tarik ramasse les livres
et les crayons qu'il a fait tomber
de son pupitre. Tarik n'aime pas l'école.

Alexis et David ont pris l'habitude de raccompagner Tarik chez lui après l'école. Ce n'est pas un grand détour et les deux amis voient bien que cela lui fait plaisir. Tout en marchant, les garçons expliquent pourquoi ils aiment l'école.

— Il y a toujours des choses nouvelles à apprendre, dit David.

— On se fait des amis, ajoute Alexis.

— Moi, j'aime surtout jouer au soccer, explique Tarik. J'aimerais aussi devenir médecin et soigner les gens qui souffrent. Mais je n'aime pas rester assis toute la journée.

— Même si on est ensemble dans la classe ? demande David, taquin.

Quand j'y repense...

- Que pourraient faire les élèves de la classe de Tarik pour qu'il se plaise davantage à l'école ?

- Selon toi, que laisse entendre la dernière remarque de David ?

Une mauvaise attitude

– Aujourd'hui, dit l'enseignante, nous allons parler des aliments qui sont bons pour la santé. Quelqu'un peut-il m'en nommer?

Aussitôt, Jérémie lève la main.

– Il y a les fruits, les légumes...

David l'interrompt.

– Qu'est-ce que tu sais des aliments bons pour la santé? T'es gros!

Jérémie est vexé.

– Ce n'est pas parce que je suis plus gros que toi que je ne sais pas ce qui est bon pour la santé.

Je dialogue

● **L'attaque personnelle** consiste à attaquer une personne de manière à détruire sa crédibilité plutôt que de s'en prendre à ses arguments.

David ne considère pas la réponse de Jérémie. Il ne considère pas non plus le fait que Jérémie peut répondre à la question de l'enseignante, et cela parce que Jérémie est gros. David répond à Jérémie par une **attaque personnelle.**

Désaccord ou conflit : quelle différence ?

Il y a conflit quand les gens s'opposent à propos d'un objet ou sur un sujet. Par exemple, deux enfants se disputent un jouet. Ou encore deux élèves se bagarrent dans la cour de récréation au sujet du résultat d'un match de soccer.

Mais tous les désaccords ne se transforment pas en disputes ou en conflits. Par exemple, papa et maman ne s'entendent pas sur le choix d'une destination pour les vacances. Papa voudrait louer un chalet à la campagne. Maman voudrait partir en voyage. Tous deux sont en désaccord, mais ils ne se disputent pas. Ils discutent et font valoir leurs arguments.

Quand j'y repense...

● Selon toi, un conflit est-il plus grave qu'un désaccord ? **Pourquoi ?**

● Selon toi, comment peut-on résoudre les désaccords et éviter les conflits ?

C'est à moi!

Salifou et son petit frère Zacharie se disputent.

C'est à qui utilisera le premier la console de jeux vidéo!

Comment mettre fin à la dispute?

> – Pourquoi c'est toujours toi? s'impatiente Zacharie.

> – Parce que, quand tu as la console, tu ne veux plus la lâcher!

Le ton monte et Salifou arrache la console des mains de son petit frère.

De la cuisine, une voix se fait entendre.

   – Salifou ! Zacharie ! Si vous n'arrêtez pas de vous disputer, je confisque la console, prévient leur mère.

   Les deux garçons se regardent. Ils se calment. Salifou croit avoir trouvé la solution.

Quand j'y repense...

- Selon toi, quelle est la solution imaginée par Salifou ? Comment l'a-t-il trouvée ?

- Supposons que la solution proposée par Salifou ne plaise pas à Zacharie. Selon toi, que se passera-t-il ?

- Que ferais-tu pour mettre fin à la dispute ?

Moïse guide les Hébreux

Moïse fut un chef et un guide pour les Hébreux. Selon la Bible, il vécut en Égypte il y a plus de 3000 ans. Le pharaon qui régnait alors sur l'Égypte n'aimait pas les Hébreux. Il estimait qu'ils étaient trop nombreux et il en avait fait ses esclaves. Découvre maintenant comment Moïse réussit à faire sortir les Hébreux du pays d'Égypte. Dans la Bible, ce récit s'appelle la « sortie d'Égypte » ou « Exode ». Il occupe une place importante dans le judaïsme et le christianisme.

Moïse et le buisson ardent,
de William Blake (1757-1827)

Comment les Hébreux sortirent d'Égypte

Comme le raconte la Bible, le bébé Moïse fut sauvé des eaux du Nil et recueilli par la fille de Pharaon. Moïse grandit donc à la cour de Pharaon, comme un prince d'Égypte. Toute sa jeunesse se passa loin des gens de son peuple, les Hébreux, alors réduits en esclavage.

Un jour, Moïse surprit un contremaître égyptien en train de fouetter un esclave hébreu. Pris de colère, il tua le contremaître. Bientôt, Moïse dut fuir la cour de Pharaon.

Moïse s'éloigna du palais et vécut en berger.
Les années passèrent. Un jour, Dieu apparut à Moïse
sous la forme d'un buisson en flammes. Le buisson brûlait,
mais ne se consumait pas ! Voilà qui était très étonnant.

Dieu ordonna à Moïse de libérer son peuple et de le conduire
jusqu'à la Terre promise.
Là, Moïse et son peuple pourraient vivre en paix.

Moïse alla donc trouver le pharaon. Il lui demanda à plusieurs reprises de laisser partir les Hébreux dans le désert, où ils pourraient honorer le Seigneur, leur seul Dieu.

Chaque fois, Pharaon refusait de laisser partir les Hébreux. Alors s'abattirent sur Pharaon et sur tout le pays d'Égypte des tempêtes de grêle, des invasions de grenouilles et de sauterelles. Même l'eau du fleuve Nil se changea en sang. Tous les animaux moururent de faim et de diverses maladies.

En tout, dix malheurs ravagèrent l'Égypte – appelés
des « plaies » dans la Bible, parce que tout le pays d'Égypte
en souffrait. Découragé, Pharaon finit par accepter
de laisser sortir les Hébreux d'Égypte. Mais très vite,
il revint sur sa décision et lança ses soldats à la poursuite
des Hébreux dans le désert.

Moïse conduisit son peuple jusqu'à la mer Rouge,
où un autre fait extraordinaire se produisit : les vagues
s'écartèrent, et les Hébreux purent traverser la mer
à pied sec !

Les soldats égyptiens poursuivirent les Hébreux,
mais Moïse étendit la main et la mer se referma sur eux.
Les chars furent engloutis et les soldats pris au piège.
C'est ainsi que les Hébreux purent poursuivre leur route
vers la Terre promise.

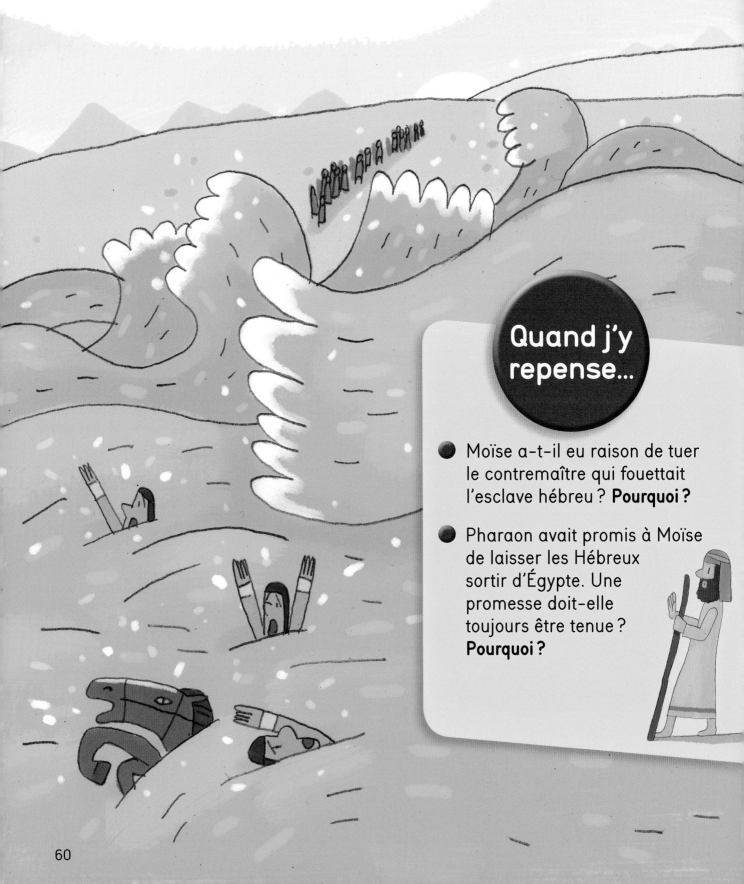

Quand j'y repense...

● Moïse a-t-il eu raison de tuer le contremaître qui fouettait l'esclave hébreu ? **Pourquoi ?**

● Pharaon avait promis à Moïse de laisser les Hébreux sortir d'Égypte. Une promesse doit-elle toujours être tenue ? **Pourquoi ?**

Juifs de Brooklyn,
à New York, durant
la fête de *Soukkôth*

La fête de *Soukkôth*

Après avoir fui hors d'Égypte, les Hébreux ont longtemps erré dans le désert. Dans le judaïsme, cette errance est rappelée avec la fête de *Soukkôth*, aussi appelée fête des cabanes ou des tentes.

La fête a lieu à l'automne et dure en règle générale sept jours, et se conclut par un huitième jour appelé *Simhat Torah* – la joie de la Torah. Elle se déroule en famille.

À l'origine, *Soukkôth* était une fête agricole où l'on remerciait Dieu pour les récoltes des champs et celles de la vigne. Par la suite, *Soukkôth* a servi à rappeler les conditions d'existence des Hébreux dans le désert, fuyant les soldats de Pharaon et forcés de vivre dans des cabanes ou des tentes. Elle rappelle aussi la bienveillance de Dieu qui, selon la Bible, donna aux Hébreux errants ce dont ils avaient besoin pour assurer leur subsistance.

Durant la fête de *Soukkôth*, les juifs pratiquants qui le peuvent se construisent, sur leur balcon ou dans leur jardin, une petite cabane avec un toit de branchages. En hébreu, cette cabane porte le nom de *sukka*. Là, pendant toute la durée de la fête, ils lisent la Torah, prient, prennent leurs repas, dorment et reçoivent leurs amis.

Je dialogue

- Une **généralisation abusive** consiste à établir une conclusion générale à partir d'un jugement portant sur un ou quelques exemples seulement, sans s'assurer d'avoir examiné suffisamment d'exemples pour que la conclusion soit valide.

*Un contremaître prend sur le fait un ouvrier en train de voler. Il se met en colère et déclare que tous les ouvriers sont des voleurs. Le contremaître fait une **généralisation abusive**.*

Fêtes religieuses et fêtes profanes

Les règles chez grand-maman

La grand-mère de Mélodie fait très bien la cuisine. Ses crêpes, en particulier, sont les meilleures au monde, dit sa petite-fille. Cela tombe bien. Quand Mélodie rentre de l'école, elle trouve sa grand-mère en train de faire sauter des crêpes.

— Génial ! dit Mélodie, tout en savourant une première crêpe roulée et saupoudrée de sucre.

— Profites-en, répond sa grand-mère. Il n'y aura pas de dessert sur la table pendant les prochaines semaines.

Mélodie ne comprend pas.

— Pourquoi ?

— Parce que c'est le Carême et que, pendant le Carême, il faut se priver un peu.

Mélodie comprend de moins en moins.

— C'est quoi, le Carême ?

Vue du Désert blanc, en Égypte

Qu'est-ce que le Carême ?

Chez les catholiques et les orthodoxes, le Carême est une période de 40 jours précédant la fête de Pâques. Le Carême rappelle les 40 jours pendant lesquels Jésus, selon le Nouveau Testament, s'est retiré dans le désert pour y prier et y jeûner avant de commencer son enseignement.

Le Carême rappelle aussi un événement plus ancien : les 40 années pendant lesquelles les Juifs vécurent dans le désert, après leur sortie du pays d'Égypte. Selon la Bible, les Juifs, guidés par Moïse, connurent là de grandes privations.

Les catholiques et les orthodoxes qui respectent le Carême en font une période de préparation à la fête de Pâques. Dans ce but, ils s'imposent eux aussi des sacrifices et des privations.

Quand j'y repense...

● À partir de ce que tu sais maintenant du Carême, à quelle religion peut appartenir la grand-mère de Mélodie ? Y a-t-il plus d'une possibilité ? **Pourquoi ?**

● Selon toi, pourquoi la grand-mère de Mélodie respecte-t-elle le Carême ?

Des fêtes religieuses

Pour les chrétiens, la fête de Pâques est l'une des plus importantes de l'année.
Voici sa signification selon le Nouveau Testament.

Pâques dans le christianisme

Jésus était juif. Pour cette raison, il se rendit à Jérusalem pour célébrer la Pâque, fête importante du judaïsme. Les gens du peuple lui firent bon accueil, mais Jésus avait aussi des ennemis. Ceux-ci se comptaient parmi les autorités religieuses, souvent critiquées par Jésus.

À l'époque, la Judée était occupée par les Romains, qui y prélevaient de lourds impôts. Les Juifs étaient mécontents. Plusieurs d'entre eux voyaient en Jésus un sauveur. Les Romains n'aimaient pas cette agitation.

Le soir de la Pâque, Jésus fut trahi par l'un de ses disciples. Il fut arrêté et livré aux Romains, qui décidèrent de le crucifier. Jésus mourut sur la croix, dans de grandes souffrances.

Trois jours après sa mort, quelques femmes qui l'avaient suivi dans son enseignement se rendirent à son tombeau.

À leur grande surprise, elles trouvèrent le tombeau vide, et Jésus leur apparut !

Selon le Nouveau Testament, pendant les jours qui ont suivi sa mort, Jésus apparut à plusieurs témoins et leur parla. Il serait donc toujours vivant ! s'étonnaient ses disciples.

La crucifixion de Jésus, de Lamberto Cristiano Gori, 1762

Les trois Marie au tombeau, de Duccio di Buoninsegna, vers 1255-1319

Office du Samedi saint chez les Grecs orthodoxes

La fête de Pâques rappelle le retour à la vie de Jésus, mort sur la croix, comme le raconte le Nouveau Testament. Pour les chrétiens (catholiques, orthodoxes, protestants, anglicans), ce retour à la vie porte le nom de Résurrection. La fête de Pâques est célébrée chaque année, en mars ou en avril, selon une date fixée par les autorités religieuses.

Cierge pascal

Chez les catholiques, un grand cierge bénit, appelé cierge pascal, est allumé au début de la vigile pascale qui a lieu à l'église. On appelle ainsi la célébration qui se déroule le samedi précédant le dimanche de Pâques. Plusieurs passages bibliques sont alors lus, dont celui racontant la sortie d'Égypte des Hébreux. Le cierge pascal symbolise la présence de Jésus ressuscité, aussi appelé Lumière du monde.

Chant choral dans une église baptiste (protestante), à l'office de Pâques

Chez les chrétiens, la messe de Pâques a lieu le dimanche matin. Après la célébration, ceux-ci se réunissent en famille pour un grand repas de fête.

J'apprends

Les œufs de Pâques

Œufs de Pâques décorés

La tradition d'offrir des œufs à Pâques est très ancienne. Les œufs étaient offerts au printemps, comme symboles de vie et de renaissance après l'hiver. Au IVe siècle, l'Église interdisait de manger des œufs pendant le Carême. Tous les œufs pondus pendant cette période étaient conservés, décorés puis offerts en cadeau, à Pâques. La coutume est restée, même si les œufs que nous offrons maintenant sont souvent en chocolat.

Le festin de grand-maman

– Joyeuses Pâques ! s'exclame la grand-maman de Mélodie, en l'accueillant en ce dimanche spécial.

– Je sais quel jour on est, dit Mélodie. Et on va pouvoir manger tous les bons gâteaux que tu as cuisinés.

– Pas seulement les gâteaux. J'ai aussi préparé un délicieux jambon.

Le regard de Mélodie pétille.

Le papa et la maman de Mélodie font leur entrée. Ses oncles et ses tantes, avec leurs enfants, arriveront bientôt. Toute la famille est réunie pour le festin de Pâques de grand-maman. Dehors, le soleil brille. C'est le printemps.

– Je peux t'aider ? interroge Mélodie, impatiente et... rusée.

Quand j'y repense...

● Selon toi, pourquoi la fête de Pâques s'accompagne-t-elle d'un festin en famille ?

● Selon toi, le printemps marque-t-il un renouveau ? Si oui, quels en sont les signes ?

La Pâque dans le judaïsme

Pour les Juifs, la fête de la Pâque (en hébreu : *Pessa'h*) est également la fête la plus importante de l'année. Elle rappelle la sortie d'Égypte de Moïse et du peuple hébreu. C'est une fête de libération. En Israël, la fête dure sept jours. Pour les Juifs qui habitent en diaspora, c'est-à-dire hors d'Israël, la Pâque dure huit jours.

Parmi les Juifs, ceux qui sont très pratiquants respectent rigoureusement les règles de la Pâque. Ainsi, la maison doit être nettoyée en profondeur pour en faire disparaître toute trace de levain. Il est d'ailleurs interdit de cuisiner avec du levain pendant la Pâque. Quand ils fuyaient les troupes de Pharaon, les Hébreux étaient forcés de se déplacer sans cesse. Ils n'avaient donc pas le temps de faire lever la pâte du pain. En souvenir de l'événement, pendant la Pâque, au lieu de pain, les juifs pratiquants mangent des galettes plates appelées *matsot*.

Le plateau et la coupe du Séder

Le repas de la Pâque est appelé Séder. Il a lieu en famille. Au cours du Séder, on lit des textes de la Bible en rapport avec cette fête.

Sur la table du Séder est posé un plateau où l'on trouve six aliments symboliques qui rappellent la fuite des Hébreux hors du pays d'Égypte.

Des matsot

Les masques dans les cérémonies rituelles autochtones

Traditionnellement, diverses cérémonies rituelles ont lieu chez les peuples autochtones. Les masques y occupent une place importante, car ils ont une fonction sacrée.

Masque kwakiutl de Dsonoqua

Chez les Amérindiens

Dans plusieurs traditions amérindiennes, les masques sont réputés transmettre à ceux qui les portent pendant les danses le pouvoir des esprits auxquels ils sont associés.

Le conteur amérindien porte souvent les masques représentant les personnages de son récit. Ces personnages sont parfois des esprits, des animaux ou encore des êtres humains.

Masque haïda

Masque kwakiutl représentant un loup

Chez les Inuits

En règle générale, chez les Inuits, le chaman porte des masques soit pour guérir des maladies, soit pour favoriser la chasse et la pêche, soit encore pendant l'exécution de rites funéraires.

Le chaman est un intermédiaire entre les esprits de la nature et les êtres humains.

Chez les Inuits, les masques sont souvent faits de bois ou d'os de baleine. En Alaska, certains masques inuits sont parfois très petits. Ils se portent alors au doigt plutôt que sur le visage ou sur les mains, comme c'est le plus souvent le cas.

Ajoutons que la plupart des Inuits du Québec et du Canada sont devenus chrétiens. Toutefois, plusieurs d'entre eux s'efforcent de préserver leurs traditions spirituelles.

Masques inuits portés au doigt

Masque inuit dit « des bulles »　　Masque inuit dit « de l'ours »

Des fêtes profanes

Le déroulement de l'année s'accompagne aussi de fêtes profanes, c'est-à-dire de fêtes non religieuses. En voici deux.

Le carnaval de Québec

Le carnaval de Québec dure 17 jours. C'est l'un des temps forts de l'hiver québécois. Des centaines de milliers de visiteurs se rendent à Québec pour y participer. Comme tous les carnavals, celui de Québec comporte un défilé, des déguisements et un bal de nuit.

Le carnaval de Québec, avec son bonhomme Carnaval tel que nous le connaissons, existe depuis 1954.

Mais en Nouvelle-France, il y a plus de 400 ans, on fêtait déjà le carnaval entre amis et en famille avant que ne commencent les privations du Carême. Plus généralement, la tradition du carnaval est très ancienne. Jadis, pendant le carnaval, tout était permis ou presque. Après le carnaval, tout devait rentrer dans l'ordre.

Le bonhomme Carnaval à Québec

Course de canots sur glace durant le carnaval de Québec

J'apprends

D'où vient le carnaval ?

Le mot « carnaval » vient de l'italien *carneval*, ou encore de *carnelevare*, qui signifie « ôter la viande ». Le carnaval est une fête profane, mais ses origines sont chrétiennes. En effet, on appelle « mardi gras » le jour qui précède le Carême, période de 40 jours de privations pour les catholiques.

Jadis, le mardi gras était jour de carnaval. Les catholiques en profitaient pour s'amuser et bien manger avant les 40 jours « maigres » (c'est-à-dire sans viande) qui allaient suivre.

Par ailleurs, le 2 février, c'est la Chandeleur. Cette fête chrétienne rappelle la présentation de l'enfant Jésus au Temple. Une tradition, aux origines lointaines, veut qu'on serve alors des crêpes.

Crêpes à la Chandeleur

Halloween

Halloween est une fête très populaire au Québec, comme un peu partout en Amérique du Nord. Elle a lieu chaque année à la fin du mois d'octobre. Les enfants en profitent pour se déguiser en monstres, en fantômes ou en vampires.

Halloween est une fête profane, mais ses origines sont en partie religieuses. En effet, le mot « Halloween » vient de l'expression anglaise *All Hallow's Eve*, qui veut dire « veille de la Toussaint ».

La Toussaint est une fête catholique qui a lieu le 1er novembre de chaque année. L'Église invite alors les catholiques à se souvenir de leurs saints, c'est-à-dire de croyants morts qui ont accompli, selon l'Église, des actions exceptionnelles au nom de leur foi.

La fête de la Toussaint a été adoptée par l'Église catholique au IXe siècle, pour remplacer les anciennes fêtes des morts qui avaient cours à cette époque.

De plus, chaque année, le 2 novembre, l'Église souligne le jour des Morts, qui invite à se souvenir des disparus.

Les petits monstres, fantômes ou vampires qui vont dans les rues le soir d'Halloween rappellent donc, à leur manière, des rites anciens liés à la mort.

Des règles pour tous

Sabrina est en retard

Ce matin, Sabrina est en retard à l'école. La cloche a sonné.

Sabrina se dépêche, pour entrer en classe à temps. Elle se met à courir.

– Holà ! dit la surveillante, qui l'arrête. On ne court pas dans les corridors !

– Je suis en retard ! proteste Sabrina.

– Cela ne fait rien. Le règlement est clair : il est interdit de courir
dans les corridors.

Sabrina est prudente

Quand Sabrina traverse la rue pour
se rendre à l'école, elle attend
le feu vert et utilise le passage
réservé aux piétons. Dans la rue,
les règles de circulation existent pour
tout le monde : piétons, automobilistes
et cyclistes. Sabrina le sait.

Des règles pour mieux vivre ensemble

La vie en groupe suppose le respect d'un certain nombre de règles communes. La politesse est l'une de ces règles, car elle traduit une forme de respect à l'égard des autres.

Chacun a droit au respect. C'est un droit fondamental. De plus, chaque être humain a le droit de vivre et d'être traité à l'égal d'autrui. Ces droits sont fondamentaux quels que soient le sexe (homme ou femme), la nationalité, la religion, l'âge ou l'état de santé de l'individu.

Les enfants ont également des droits. Par exemple, celui d'être protégés ou de recevoir une éducation. Cependant, les droits d'un enfant s'accompagnent toujours de devoirs et de responsabilités envers sa famille, ses professeurs ou ses camarades de classe.

Quand j'y repense...

- Selon toi, quels sont les devoirs et les responsabilités d'un enfant de ton âge ?

- Nomme quelques règles de politesse que tu connais. Où les as-tu apprises ?

- Les règles de politesse sont-elles les mêmes à l'école et à la maison ? Les mêmes pour les adultes et les enfants ? **Pourquoi ?**

Il existe des règles à respecter en famille et à l'école. Mais on peut vouloir aussi se donner ses propres règles, comme cette mère qui a décidé d'arrêter de fumer pour protéger sa santé.

Des coutumes différentes

Les droits sont les mêmes pour tous.
Ce sont des droits fondamentaux.
Quant aux coutumes, elles peuvent
varier selon les cultures.

Les façons de se vêtir et de se nourrir
relèvent des coutumes. Par exemple,
au Québec, on dit qu'on mange « sur
le pouce » quand on veut se nourrir en
vitesse. Mais pour un vrai repas en famille,
on s'assoit généralement sur des chaises,
autour d'une table, où sont posés des
assiettes et des couverts.

Repas de famille au Québec

En Chine, pour un repas traditionnel, on se
sert de baguettes et on mange dans un bol.

Par ailleurs, chaque religion, au fil de son histoire, a constitué
un certain nombre de règles destinées aux croyants.

Guy Gilbert, prêtre et éducateur
dans les banlieues, en France

Prêtre catholique traditionnel

Quand j'y repense...

● Peux-tu nommer des
coutumes respectées dans
ta famille ? Dans la classe ?

● Respecter les droits des gens
te paraît-il plus important que
respecter leurs coutumes ?
Pourquoi ?

L'observance de ces règles peut être plus ou moins
stricte, selon les différents courants présents au
sein d'une même religion.

De plus, l'observance de ces règles peut être plus
ou moins stricte selon les individus. Par exemple,
tous les catholiques n'observent pas le Carême.

Moïse et la loi de Dieu

Tu sais déjà qui est Moïse, l'un des personnages marquants du judaïsme et du christianisme. Découvre maintenant un autre épisode de sa vie tel que raconté dans la Bible. Dans ce récit, Dieu donne à Moïse sa Loi, appelée Loi de l'Alliance. Ainsi, Moïse reçoit dix commandements très importants qu'il doit respecter.

Comme le raconte la Bible, Moïse et les Hébreux étaient sortis du pays d'Égypte. Tout en étant poursuivis par les soldats de Pharaon, ils avaient réussi à traverser la mer Rouge. Ils poursuivaient maintenant leur route vers la terre que Dieu avait promis de leur donner. Ils appelaient cette terre la Terre promise.

Quand Moïse et son peuple arrivèrent au pied du mont Sinaï, ils se séparèrent. Moïse monta seul au sommet du Sinaï, où il demeura pendant quarante jours. Il reçut là de Dieu des tables en pierre où étaient gravées dix règles très importantes. Reconnaître Dieu comme le seul Dieu, ne pas tuer, ne pas voler, respecter ses parents : tels sont quelques-uns des dix commandements de Dieu alors reçus par Moïse. Ces tables en pierre portent le nom de Tables de la Loi.

Le temps passait. Ignorant ce que faisait Moïse, les Hébreux s'impatientèrent.
Les hommes firent fondre leurs bijoux et fabriquèrent une statue en or
qui représentait un veau. Lorsqu'il revint du mont Sinaï, Moïse constata
que son peuple adorait cette statue comme s'il s'agissait d'un dieu.

Moïse fut pris d'une si grande colère qu'il fracassa les Tables de la Loi
contre un rocher. Par la suite, il expliqua aux Hébreux la Loi de l'Alliance.
Et alors les Hébreux regrettèrent d'avoir été infidèles au Dieu unique.

● Un **jugement de prescription** énonce une recommandation ou une obligation. Il affirme la nécessité d'accomplir un acte, de modifier une situation ou de résoudre un problème.

L'enseignante dit à Sabrina : « On ne court pas dans les corridors. » Cette interdiction est un **jugement de prescription**.

Selon la Bible, Dieu dit à Moïse et à son peuple : « Tu ne tueras pas », « Tu ne voleras pas », « Tu respecteras ton père et ta mère ». Ces trois commandements de Dieu tirés de la Bible sont des **jugements de prescription**.

Quand j'y repense...

● T'est-il déjà arrivé de te fixer tes propres règles ? Lesquelles ?

● Ces règles ont-elles été pour toi plus faciles à respecter que des règles imposées de l'extérieur, ou moins ? **Pourquoi ?**

● Selon toi, quelles sont les règles les plus importantes dans la classe ? Et à la maison ?

Accueillir un enfant

À l'ombre d'un arbre

Aujourd'hui, Mélodie fait un exposé devant la classe. Elle doit présenter un objet qui compte beaucoup pour elle. Mélodie montre à la classe un dessin.

   — Mon grand-père aime beaucoup les arbres. Dans ma famille, il y a une coutume. Chaque fois que naît un petit bébé, mes grands-parents plantent un arbre au jardin : ce peut être un chêne, un érable, un bouleau ou encore l'espèce choisie par les parents du bébé. Au début, l'arbre est petit. Mais mon grand-père en prend soin, et alors l'arbre grandit. Comme un bébé grandit et devient un enfant.

   Tarik lève la main.

   — Quel est ton arbre à toi, Mélodie ?

   — Un tilleul. C'est mon arbre préféré.

L'annonce de la naissance de Jésus

Pour les chrétiens, la naissance de Jésus est un événement fondamental. Selon le Nouveau Testament, cette naissance est survenue il y a plus de 2000 ans. Cependant, la tradition chrétienne veut que la naissance de Jésus ait été annoncée depuis longtemps. Ainsi, 700 ans environ avant l'ère chrétienne, le prophète Isaïe avait prédit qu'une jeune fille donnerait naissance à un enfant extraordinaire. Les chrétiens ont vu dans cette prophétie d'Isaïe l'annonce de la naissance de Jésus.

Le Nouveau Testament est formé de plusieurs livres. Quatre d'entre eux portent le nom d'évangiles et sont attribués à quatre auteurs différents. L'Évangile de Luc raconte comment Marie apprit un jour qu'elle serait la mère de Jésus. Découvre maintenant ce récit.

L'Annonciation, d'Andrea del Sarto, vers 1514

L'Évangile de Luc raconte qu'un jour l'ange Gabriel rendit visite à Marie. Il la salua par ces mots : « Je te salue, comblée de grâces. Le Seigneur est avec toi. » Marie était toute troublée par ces paroles. Alors, l'ange annonça : « Tu seras bientôt enceinte du Fils de Dieu. »

Marie protesta. Comment pourrait-elle mettre au monde un enfant ? Elle n'avait pas connu d'homme !

— Ne t'inquiète pas, répondit l'ange Gabriel. Dieu enverra son Esprit saint sur toi.

— Qu'il en soit fait alors selon sa volonté, répondit Marie, tout heureuse.

Et l'ange la laissa au bonheur de sentir la vie qui germait en elle.

L'Annonciation, de Fra Angelico, 1430-1432

La visite de l'ange Gabriel à Marie s'appelle l'« Annonciation ». Ce sujet a fasciné les peintres à toutes les époques. Ceux-ci utilisent souvent les mêmes images dans leurs tableaux, où elles ont une signification particulière.

Par exemple, les peintres peignent Marie tenant un lys blanc, qui représente la pureté. Plus rarement, ils la peignent avec un rameau d'olivier, qui est un signe de paix. Marie est souvent représentée avec un livre ou en train de lire, pour montrer qu'elle connaît la Bible et la prophétie d'Isaïe.

Les Églises catholique et orthodoxe soulignent l'Annonciation le 25 mars, soit neuf mois exactement avant Noël, qui marque la naissance de Jésus.

Quand j'y repense...

● Qui est l'enfant que Marie mettra au monde ?

● Comment s'est déroulée sa naissance ? Raconte-la.

● Selon toi, que veut dire l'expression « comblée de grâces » ? Pourquoi l'ange salue-t-il Marie de cette façon ?

Venir au monde

Dans les moments importants de l'existence comme la naissance d'un bébé, les coutumes se transforment en rites d'accueil. Chaque religion a les siens.

Rabbin pratiquant une circoncision, à Hébron, en Israël, en 1995

La circoncision dans le judaïsme

Chez les juifs, la cérémonie de la circoncision a lieu huit jours après la naissance du petit garçon. Il s'agit d'une pratique très ancienne, réalisée uniquement par un religieux appelé *mohel*. Elle consiste à enlever le prépuce du petit garçon. Ce geste rituel marque son appartenance au judaïsme.

Les filles se voient attribuer un nom et reçoivent une bénédiction le samedi (en hébreu : *shabbat*) suivant leur naissance. La joie de la famille est alors tout aussi grande.

Dans la tradition hébraïque, il existe un rite appelé la « présentation au temple ». Quarante jours après la naissance du bébé, la mère et le père vont au temple avec leur enfant et le présentent à la communauté.

Le Nouveau Testament raconte ainsi que l'enfant Jésus, qui était juif, fut présenté au Temple, à Jérusalem, par ses parents, Marie et Joseph.

La Présentation au Temple, du Caravage, 1620

Baptême selon le rite anglican

Le baptême dans le christianisme

Chez les catholiques, le baptême a lieu à l'église, quelques semaines après la naissance. En présence des parents, du parrain et de la marraine, le prêtre verse alors un peu d'eau sur le front du bébé. Il prononce son nom ainsi que des paroles rituelles.

Chez les protestants, la cérémonie diffère selon les Églises. Le baptême protestant a lieu soit à la naissance, soit à l'âge de raison, ou encore à l'âge adulte, selon l'Église concernée. Le pasteur verse un peu d'eau sur la tête du bébé, ou encore l'enfant ou l'adulte est plongé entièrement dans l'eau.

Chez les orthodoxes, le baptême a lieu environ un an après la naissance. Là aussi, l'enfant est plongé dans l'eau.

Chez les chrétiens, quel que soit le rite en cause, l'eau représente à la fois la mort et la vie. Le passage dans l'eau signifie que le bébé, l'enfant ou l'adulte est purifié et qu'il accompagne Jésus dans sa mort, puis dans sa résurrection.

La cérémonie des premiers pas chez les Cris

Chez les Cris, quand les très jeunes enfants ont appris à marcher, une cérémonie rituelle souligne généralement cette étape de leur croissance. Son nom est la « cérémonie des premiers pas ».

Selon la tradition crie, la cérémonie des premiers pas a lieu le matin, dans une grande tente, orientée vers l'est, c'est-à-dire vers le soleil levant. Vêtus de costumes traditionnels, les enfants reçoivent des modèles réduits d'armes et d'outils utilisés par les chasseurs, comme des fusils, des couteaux et des grattoirs à peaux. Les enfants sont ensuite réunis dans la grande tente, avec les anciens de la communauté.

Accompagnés d'un de leurs parents, les enfants sortent de la tente en traînant derrière eux la dépouille d'un castor, d'un lièvre ou de quelque autre petit gibier. Les enfants font le tour d'un arbre décoré pour l'occasion. Puis, ils rentrent dans la tente et offrent leurs prises de chasse aux anciens.

Les Cris sont l'une des nations amérindiennes du Canada. Au Québec, les Cris sont environ 15 000, établis dans neuf villages sur les rives de la baie James et de la baie d'Hudson. La chasse et la pêche étaient au cœur du mode de vie traditionnel des Cris. La cérémonie des premiers pas souligne l'importance de cette activité, même si le mode de vie des Cris a beaucoup changé depuis les années 1950. Cette cérémonie traditionnelle montre ainsi que les adultes encourageaient les enfants à devenir de bons chasseurs, utiles à la communauté.

Cérémonie des premiers pas chez les Cris à Mistassini, au Québec

L'appel à la prière dans l'islam

Chez les musulmans, peu après la naissance de l'enfant, fille ou garçon, le père se penche à son oreille droite et récite une prière (en arabe, *adhân*) qui est une invitation à prier Dieu. Dans l'islam, il est en effet important que le nom de Dieu soit parmi les premiers mots qu'entend le nouveau-né. Le père exprime alors la joie que lui cause sa naissance. C'est aussi l'occasion de donner à l'enfant un prénom.

Tout comme dans le judaïsme, la circoncision est pratiquée dans l'islam, chez les garçons. Juifs et musulmans ont en effet des origines communes, leur ancêtre étant Abraham. Chez les musulmans, la circoncision peut avoir lieu à la naissance. Elle peut aussi avoir lieu un peu plus tard, selon les pays.

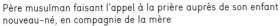

Père musulman faisant l'appel à la prière auprès de son enfant nouveau-né, en compagnie de la mère

Quand j'y repense...

- Selon toi, dans la cérémonie des premiers pas chez les Cris, pourquoi les enfants et les anciens de la communauté sont-ils réunis ?

- Que signifie, dans l'islam, l'appel à la prière ? Pourquoi le fait-on entendre à l'enfant dès les premiers jours de son existence ?

Le choix d'un prénom

Quand un enfant naît, il revient à ses parents de lui donner un prénom. C'est un geste important, puisque l'enfant portera ce prénom pendant toute sa vie.

Plusieurs raisons guident les parents dans leur choix. Tel prénom leur plaît par sa beauté ou parce qu'il est imagé. Parfois, les parents choisissent de donner à leur enfant le prénom porté par un membre de la famille depuis disparu. Ils espèrent ainsi que l'enfant héritera un peu des qualités de la personne chère à leur cœur. Enfin, certains prénoms sont plus répandus à certaines époques ou dans certains milieux. Certains parents peuvent donc se laisser influencer par la popularité d'un prénom.

Un prénom n'est pas exclusif. Plusieurs enfants peuvent avoir le même prénom. Cependant, chaque enfant est unique.

Je dialogue

- Une **délibération** consiste à examiner ensemble différents aspects d'une question avant de prendre une décision.

    *Au moment de choisir un prénom pour leur enfant, les parents pèsent le pour et le contre. Ils discutent entre eux des différentes possibilités et font leur choix après **délibération**.*

Quand j'y repense...

- Ton prénom a-t-il une signification particulière ? **Laquelle ?**

- Pourquoi tes parents ont-ils choisi ce prénom pour toi ?

L'arbre de Mélodie

L'exposé en classe de Mélodie a eu du succès. Les élèves ont beaucoup aimé l'histoire de son arbre. À la récréation, les amis de Mélodie font cercle autour d'elle.

– Montre-nous ton tilleul, propose Salifou.

– C'est vrai que ses feuilles servent à faire de la tisane ? s'étonne Shérin.

Toute joyeuse, Mélodie regarde ses amis.

– Et si vous veniez, samedi, chez mes grands-parents ? Je suis sûre que mon grand-père serait très content de vous accueillir au pied de mon tilleul.

– Il a quel âge, ton arbre ? demande David.

– Sept ans, répond Mélodie. Tout comme moi.

Table des matières

Index des éléments du dialogue